AF450833

BIBLIOTHÈQUE
CHRÉTIENNE ET MORALE

approuvée

PAR MONSEIGNEUR L'EVEQUE DE LIMOGES,

8e SÉRIE.

Tout exemplaire qui ne sera pas revêtu de notre griffe sera réputé contrefait et poursuivi conformément aux lois.

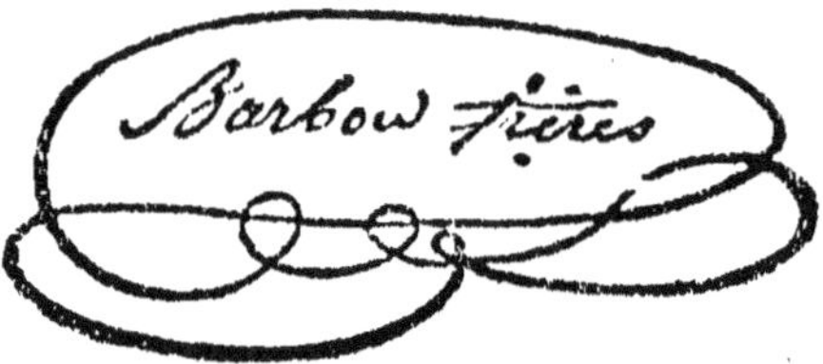

MON

FRÈRE JACQUES

PAR VICTOR CHOLET.

LIMOGES,
BARBOU FRÈRES, IMPRIMEURS-LIBRAIRES.

1866.

AVANT-PROPOS.

J'ai toujours eu une sorte de prédilection pour
les Auvergnats ; ils passent tous pour d'honnêtes
gens, et c'est une réputation méritée. En effet,
tous ceux que j'ai connus étaient des gens simples et naturels, qui habitaient au sein de nos
grandes villes, sans rien prendre de leurs vices
et de leur corruption, avec lesquels cependant
ils sont toujours en contact.

J'avais pour porteur d'eau un brave homme de ce pays, dont les traits portaient l'empreinte de la bonhomie et de la franchise; j'avais souvent à causer avec lui et à m'informer de l'état de ses petites affaires : le père Vidal était fort touché de mes attentions et de l'intérêt que je prenais à lui, et il se mettait à son aise avec moi.

Je le vis plusieurs fois fort triste; je lui en demandai la cause, et je sus qu'il était affecté des écarts d'un jeune homme de ses parents, qui dérogeait à la règle de la conduite ordinaire de ses compatriotes, en se livrant à quelques égarements.

C'est ainsi que je connus tous les détails de cette histoire, que je laisse raconter par celui qui en fut le héros principal, et que j'eus l'occasion de voir plusieurs fois par l'intermédiaire du père Vidal.

CHAPITRE PREMIER.

Une lettre de Paris.

—

« Nous habitions un petit village du Cantal ; nous étions réunis un dimanche soir devant la porte du chalet qui m'avait vu naître ; mon vieux père était pensif et fumait tranquillement sa pipe ; ma mère, beaucoup plus jeune, me tenait sur ses genoux, et, tout en me caressant, me racontait quelques vieilles chroniques du pays que j'aimais à entendre. Mon père l'interrompit tout-à-coup pour faire part des réflexions qui l'occupaient.

— Femme, lui dit-il, voilà Bénédit qui commence à devenir bien grand ; est-ce qu'il ne serait pas temps de l'envoyer à Paris ?

— Pourquoi cela ? n'est-il pas bien avec nous ?

— C'est très-bien, femme, mais ça ne l'avance à rien de rester avec nous; nous sommes déjà si pauvres que plus il grandira, plus notre misère augmentera, et plus il souffrira avec nous.

— Eh bien ! je travaillerai davantage.

— S'il ne s'agissait que de travailler, sans doute nous n'aurions pas besoin de nous séparer de nos enfants ; mais tu sais toi-même qu'il n'y a pas de ressources ici, et que, quand on a bien travaillé, on a, au bout du compte, gagné à peine de quoi manger.

— C'est vrai ; mais attendons encore un peu.

— Tu me dis toujours cela chaque fois que je t'en parle, femme ; mais, à force d'attendre, le temps se passe, et c'est rendre un mauvais service à notre enfant.

— C'est qu'il est encore si faible et si jeune !

— Dame ! si jeune ! son frère avait deux ans de moins quand il partit avec le cousin Vidal, et, Dieu merci ! il ne lui est pas arrivé malheur.

— Sans doute ; mais songe, notre homme, que c'est le seul enfant qui nous reste, puisque son frère est encore éloigné, et nous pouvons bien le conserver quelque temps avant de nous séparer de lui pour tant d'années.

— Allons ! femme, il ne faut pas être égoïste comme cela, et ne considérer les choses que pour nous seuls. Je te le répète, c'est faire tort à notre Bénédit que de le garder oisif auprès de nous, quand il peut travailler. Vois donc, Jacques a su économiser déjà un petit pécule depuis qu'il est à Paris : plus Bénédit retardera, plus il sera en arrière.

» Ma pauvre mère ne se laissait pas convaincre, l'amour extrême qu'elle me portait balançant dans son cœur l'ambition qu'elle éprouvait aussi pour mon avenir. Mais une circonstance ne tarda pas à venir peser dans la balance, et décida définitivement mon départ pour la capitale.

» Mes bons parents étaient encore en train de discuter sur mon sort, et j'étais attentif à écouter ce qu'ils décideraient, lorsque le messager du pays se montra à l'entrée du petit sentier qui conduisait à notre chaumière.

» Sa présence nous fit battre le cœur à tous ; nous restâmes quelques instants à le regarder venir en silence, et ma mère s'écria :

— C'est sans doute une lettre de Jacques ! quelque chose me le dit.

» Son pressentiment de mère ne l'avait pas trompée, c'était bien une lettre de mon frère ; elle la prit avec vivacité des mains du messager, et, avant de l'ouvrir, elle la porta à ses lèvres, et la pressa ensuite sur son cœur : c'est que Jacques

1..

était un bon fils, et qu'il méritait toute notre affection. Personne de nous ne savait lire; il fallut
que celui qui l'apportait ajoutât à sa mission celle
de nous apprendre ce que la missive contenait;
le voici :

« Bonjour, père! bonjour, mère! bonjour, mon
» petit Bénédit ! Je vous embrasse tout d'abord
» autant que je vous aime, c'est-à-dire beaucoup,
» et plus s'il est possible. J'espère que la présente
» vous trouvera tous chacun en bonne santé;
» quant à moi, je me porte comme un charme,
» et c'est bien une permission du bon Dieu, car
» avec ça le travail va rude, et ça sert à grossir le
» boursicot.

« A propos de ça, mes chers parents, je vous
» dirai que j'ai trois cents francs de côté, que j'ai
» ajoutés cette année à mon magot, qu'est déposé
» à la caisse d'épargnes, où ça me rapporte inté-
» rêt. Il y avait bien encore trente-cinq francs en
» sus; mais ça je l'ai mis de côté pour me diver-
» tir, et puis on peut avoir l'occasion d'obliger un
» camarade.

« Quand je parle de me divertir, vous croyez
» peut-être que ça exige beaucoup de dépense;
» mais non : il y a à Paris des cabarets où on joue
» de la musette, et où nous nous réunissons tous
» les Auvergnats ensemble; on danse la bourée,

» si bien qu'on se croirait quasiment au pays. Il
» faut bien, quand on a travaillé dur toute une
» semaine, se reposer et se divertir un petit brin.

» Ah ça! je vous ai parlé assez de moi, il faut
» que je songe un peu aux autres. J'ai donc à
» vous dire qu'il faut à toute force que vous m'en-
» voyez Bénédit cette année. Je crois bien que la
» mère sera un peu plus raisonnable, quand je
» lui dirai que j'ai de quoi lui faire gagner sa vie;
» elle doit être sûre que j'en aurai soin.

» Je viens d'apprendre par le cousin Vidal, qui
» vient de recevoir des nouvelles du pays, que
» Jodelot va justement partir pour Paris : c'est
» un brave garçon et que vous pouvez en toute
» sûreté lui confier le frère; ainsi donc je compte
» que vous me l'enverrez : il est bien temps qu'il
» se mette à travailler, et votre intention, je le
» parie bien, n'est pas d'en faire un paresseux.

» En attendant cela, mes bons parents, je vous
» embrasse encore une fois de tout mon cœur,
» ainsi que mon petit Bénédit; j'espère que ce
» sera lui qui m'apportera votre réponse.

» Votre fils respectueux,

» JACQUES CHRÉTIEN. »

» Après cette lecture, qui nous fit à tous verser
des larmes, mon père ajouta :

— Tu vois, femme, il n'y a plus à reculer. Allons ! c'est décidé, Bénédit partira ; il ira voir la grande ville.

» Ma bonne mère ne répondit rien ; elle se contenta de me serrer contre son cœur, et son silence et ses pleurs annonçaient seuls son consentement et sa résignation.

» Quant à moi, je me taisais, j'attendais passivement qu'il y eût une résolution de prise à mon égard ; mais, au fond, mes vœux m'emportaient vers Paris. Le changement est chose si flatteuse pour un enfant ! aussi ne tenais-je pas compte de la peine que mon départ causait à ma pauvre mère, et j'eusse été bien fâché que ses tendres réclamations eussent été exaucées.

CHAPITRE II.

Départ et arrivée à Paris.

—

» Jodelot était un garçon du pays, d'une tren-
taine d'années, qui avait déjà fait le voyage de la
capitale ; rappelé au pays pour quelques affaires
de famille, il retournait continuer à grossir sa
petite fortune.

» On lui proposa donc de m'emmener, et il y
consentit de grand cœur. Ma mère prépara mon
petit paquet, qui fut bientôt fait et qui n'était pas
lourd, car il contenait tout juste deux chemises,
deux paires de bas et quelques mouchoirs ; mon
pauvre père, lui, me mit dans une petite bourse
de cuir deux écus de cent sous, qu'il m'invita à
bien ménager.

» Lorsque Jodelot vint me prendre, ils m'embrassèrent tous deux : c'était vraiment une scène attendrissante. Ma pauvre mère pleurait toujours, elle ne pouvait se détacher de moi ; quant à mon père, il était plus calme, quoique aussi affligé, et l me fit ses recommandations.

—J'espère, dit-il, que tu feras comme ton frère, et que tu ne nous donneras que des sujets de joie ; ainsi pars, mon enfant, pars, et sois bien sage et bien laborieux ; le ciel te sera en aide si tu es bon garçon.

» Cette scène d'adieu m'avait produit une certaine émotion, et j'étais fort affecté en quittant mes pauvres parents ; mais bientôt j'essuyai mes yeux, et je repris mon insouciance et ma bonne humeur.

» La maison de Jodelot se trouvait sur notre chemin ; nous y entrâmes pour qu'il prît ses effets. Je fus fort surpris de lui voir prendre une boîte qu'il alla chercher dans un coin, et dont il tira une marmote.

—Mon petit, me dit-il, tu me donneras ton paquet, que je porterai avec le mien, et tu mettras cette boîte sur ton dos ; ce sera notre gagne-pain tout le long de la route. Dans les villes où nous passerons, tu danseras avec la marmote, et moi, je jouerai de la musette, et tu verras que nous ne manquerons de rien.

« Puis, se mettant en devoir de me montrer le savoir-faire de la bête :

— You hâ ! allons, dancha, mademoiselle, s'écria-t-il en dansant et en gambadant.

« Je ne pus m'empêcher de rire ; j'essayai à mon tour, et nous fîmes une répétition des exercices que nous voulions exécuter.

« Nous nous mîmes en route ; comme je n'étais pas très-fort, nous marchions à petites journées. Ce que Jodelot m'avait promis s'accomplissait : dans les villes et les villages où nous passions, nous faisions danser notre marmote, et tantôt on nous donnait de l'argent ou on nous offrait à manger, ou bien nous recevions le gîte pour la nuit ; notre bourse ainsi resta intacte, et nous étions souvent mieux traités que si nous avions eu besoin d'y recourir.

« Nous atteignîmes enfin les barrières de Paris. Oh ! c'est alors que j'ouvris de grands yeux, et que tout me parut nouveau ; et puis le cœur me battit : j'allais embrasser mon bon frère Jacques, que je n'avais pas vu depuis si long-temps. Nous marchâmes bien long-temps avant d'arriver à lui, et je m'étonnais, car l'immensité de la ville était hors de proportion avec l'idée que je m'en faisais.

« Jodelot me guidait dans ce dédale de rues

qu'il connaissait comme son village, et s'amusait de ma surprise. Nous trouvâmes enfin mon bon Jacques au coin d'une maison où il stationnait comme commissionnaire ; le cousin Vidal était justement avec lui. Ce fut une grande joie de nous revoir tous. Jacques nous fit entrer dans un cabaret, où nous mangeâmes pour réparer nos forces ; et là on échangea mutuellement les nouvelles qu'on avait à se dire.

« J'allai coucher avec mon frère ; il me laissa dormir tant que je voulus, et lorsque je fus tout-à-fait remis de mes fatigues du voyage :

— Ah ça ! ce n'est pas tout, mon petiot, me dit-il, il faut que nous avisions à ce que tu vas faire. Tu n'es pas encore assez fort pour être commissionnaire comme moi ; car il y a souvent de longues courses à faire, de lourds paquets à porter ; mais j'ai songé à autre chose pour toi : il y a en face de la rue un grand hôtel où j'ai été employé plusieurs fois et où je suis fort aimé ; j'espère que nous obtiendrons là des pratiques pour cirer les bottes et faire les menues commissions dans le quartier ; si tu te montres actif et intelligent, comme je le pense, je te promets que tu attraperas de bons profits et que tu pourras mettre, comme moi, de côté ; j'ai déjà parlé au concierge, et j'espère que ça ira tout seul, et que tu seras bientôt occupé. Allons, frère, du courage, et travaille bien : dans quelques années, nous irons revoir les parents là-bas ; faisons en sorte de leur porter quelque chose et d'adoucir un peu leur misère, car les pauvres gens ne sont pas heureux. Ainsi, attends-moi là ; je vais voir quand tu pourras te mettre à la besogne, et j'espère que ce ne sera pas long ; car ici, vois-tu, on ne manque pas d'occasions, et celui qui ne travaille pas, c'est qu'il ne veut pas.

» J'attendis avec impatience le retour de Jacques, et déjà je m'ennuyais ; il me tardait de faire quelque chose et de voir mon sort se décider. Mon frère ne tarda pas à revenir ; il me conduisit auprès du concierge de l'autel, auquel il me présenta, et devant qui j'étais fort timide ; car je le regardais comme un personnage. Celui-ci me sourit d'un air protecteur, et après m'avoir adressé quelques questions, il me dit que je pourrais revenir le lendemain, et que probablement il trouverait à m'employer.

CHAPITRE III.

—

« Je fus bientôt installé dans mes nouvelles fonctions, et je me mis facilement au courant de ce que j'avais à faire, car il ne faut pas un long apprentissage pour savoir cirer une paire de bottes et porter une lettre ou un paquet à telle adresse; d'ailleurs Jacques me dirigeait, et veillait à ce que je m'acquitasse bien de ce qui m'était ordonné.

« Au bout de quelque temps, je fus en état de me passer de ses conseils, et je sus faire preuve de tant de zèle et de tant d'intelligence, que chacun cherchait à m'avoir et me préférait, pour différentes choses de confiance, à beaucoup d'autres qui étaient plus anciens que moi. Les profits, comme on le pense bien, étaient en conséquence de mon savoir-faire, et cette espèce de petite vogue me valait, en outre, de bonnes gratifications ; de sorte qu'au bout de chaque semaine j'avais toujours une somme assez ronde à remettre à mon frère Jacques, qui la mettait de côté avec la sienne.

» J'étais donc en bon chemin de vivre heureux et d'assurer mon bien-être et celui de mes parents pour l'avenir ; mais le sort en décida autrement, et je m'attirai bien des peines par ma faute.

» Le bon Jacques était émerveillé de tant de succès ; il m'embrassait de bien bon cœur, et sautait de joie en voyant se grossir notre petit magot.

— Eh ! frère, je chuis content, disait-il dans le patois du pays, de te voir ainchi prochepérer ! Allons ! va toujours, et nous cherons riches.

» Bon frère, que n'ai-je toujours eu ses goûts simples et sa sage modération ! Mais les mauvais conseils vinrent me séduire et m'entraîner dans la fausse route où je m'égarai.

» Il y avait dans l'hôtel un jeune groom (1) de mon âge ; il appartenait à des personnes riches et faisait beaucoup de dépense. Paulin, ainsi qu'on

---

(1) Ce mot anglais, adopté depuis quelques années en France, désigne un domestique : on prononce *groume*.

l'appelait, me prit en affection ; quoique jeune, il possédait déjà tous les vices que peut avoir une personne plus âgée. Comme je ne comprenais pas bien encore la nature de ma condition, je me trouvais fort honoré de ce qu'il voulait bien me faire amitié, et mon amour-propre en était flatté au point de m'en donner de l'orgueil.

« Pour mieux cimenter notre liaison, Paulin commença par m'entraîner chez un marchand de vin. Je résistai bien d'abord : il me semblait que je commettais une mauvaise action, et j'avais comme un pressentiment que cette première démarche allait décider quelque chose sur ma vie, et effectivement ce fut ce qui entraîna ma perte.

« Mes relations avec Paulin devinrent plus fréquentes, et je me relâchai de mes devoirs ; non-seulement je gagnai moins, mais je dépensai davantage ; car nos parties de plaisir étaient coûteuses.

« Ma conduite ne put échapper long-temps à l'œil vigilant de Jacques ; il m'adressa des reproches, auxquels j'eus l'air de me soumettre d'abord ; car, dans l'attachement que je portais à mon frère, il y avait quelque chose du respect qu'on a pour un père ; mais Paulin était un mauvais génie ; son ascendant sur moi devint de plus en plus puissant, j'achevai de m'égarer.

— Tu es bien bête, me dit-il un jour, de donner à ton frère tout l'argent que tu gagnes : est-ce que ce n'est pas pour soi qu'on travaille dans ce monde? C'est une véritable folie de ta part. Vois donc, si tu avais tout l'argent que tu lui as donné, et dont il fait son profit, comme tu serais heureux, et comme nous pourrions nous amuser! Mais, bah! il a abusé de ce que tu étais le plus jeune pour te prendre tout ce qu'il a pu, et tu ne verras jamais un sou de tout cela. Si j'ai un conseil à te donner, c'est de l'envoyer promener quand il te demandera ton argent, et de tout garder pour toi : tu es assez grand pour te conduire.

» Je sus résister quelque temps à ces suggestions perfides, parce que je comprenais que ce serait rompre tout-à-fait avec Jacques; mais, à force d'être répétées, elles finirent par porter leurs fruits.

» Je fis d'abord quelques mensonges pour me dispenser de donner à mon frère les sommes que j'avais gagnées; mais fatigué bientôt de cette contrainte et ne pouvant pas continuer sur ce pied, je finis par signifier à Jacques que j'étais décidé à garder l'argent que je retirais de mes profits, et à en faire l'usage que bon me semblerait.

» Mon bon frère fut pétrifié d'entendre cette résolution.

— Frère! me dit-il en pleurant et en me serrant dans ses bras, tu te perds! Est-ce que tu n'es plus mon petit Bénédit que j'aime tant, pour qui je sacrifierais encore ma vie? Allons! allons! reviens à toi, songe à nos bons parents. Que vont-ils dire, que vont-ils penser, s'ils savent que tu mènes une mauvaise conduite? Allons! allons! frère, il est encore temps, viens m'embrasser, et ne parlons plus de cela; cela n'est pas sérieux, n'est-ce pas? Dis-moi que tu n'as pas eu une telle intention.

» J'étais ému, j'allais céder sans doute; mais la funeste image de Paulin se représenta à moi : j'entendis ses sarcasmes; je me voyais essuyant ses mépris. Je quittai Jacques en lui faisant une promesse évasive, et je revins bientôt à la résolution que j'avais prise.

» Jacques, désespéré, m'abandonna à mon malheureux sort, et comme, dans ma dernière contestation, je lui avais reproché durement de conserver l'argent que j'avais gagné, il eut encoce la délicatesse de me le remettre.

» Ce bon frère n'en était pas moins douloureusement affecté; non-seulement il avait à gémir personnellement de mes désordres, mais qu'allait-il répondre à mes parents lorsqu'ils connaîtraient ma conduite, et qu'ils lui demanderaient compte de moi? Ne seraient-ils pas en droit de lui reprocher d'avoir mal veillé sur celui qu'ils lui avaient confié, et d'attribuer ma perte à sa négligence? Toutes ces pensées lui déchiraient l'âme, et l'accablaient mortellement. Je le savais, et j'étais insensible, ou plutôt je ne m'en inquiétais pas.

« La somme que Jacques avait en dépôt, et qu'il me remit, eut la destination que Paulin lui avait donnée à l'avance, c'est-à dire qu'elle fut consommée en parties de plaisir et en débauches. Comme je ne travaillais plus, parce que je me regardais comme fort riche d'avoir devant moi une assez forte somme à la fois, mes pratiques finirent par se fatiguer et se détachèrent de moi.

» J'allais me trouver dans une fâcheuse position; mais Paulin était toujours fertile en expédients. Il me conseilla de me faire domestique comme lui.

— C'est un bon état, me dit-il, et tu n'auras pas besoin de t'exténuer de fatigue pour gagner ta journée; tu vois qu'on a du temps de reste, et qu'on trouve de bonnes occasions de s'amuser; ainsi, je crois que tu n'as pas autre chose de mieux à faire.

» Cette idée me convint assez, car déjà l'excès du plaisir m'avait fait prendre en dégoût le travail. Il fut convenu qu'il me chercherait une condition ; j'embellissais déjà en espérances l'avenir qui m'était réservé.

CHAPITRE IV.

Je me fais domestique.

» Je fus quelques jours sans revoir Paulin, car
il s'occupait activement de me trouver une place;
il était grand temps, mon argent était épuisé, et
j'allais me trouver sans ressource. Un matin, je le
vis rentrer tout rayonnant.

— Victoire ! s'écria-t il, j'ai ton affaire, et dès
aujourd'hui tu peux prendre possession de ta
place : c'est chez une personne que tu connais déjà
que tu vas entrer.

— Et chez qui donc ? demandai-je.

— Chez le chevalier Dubourjal.

— Ah ! ce jeune homme qui fait tant de dépense,
et qui est venu loger à l'hôtel il y a six mois

— Lui-même. J'espère que tu seras bien là. J'ai appris qu'il était arrivé d'hier, et je suis allé le voir de suite. Il s'est bien souvenu de toi, car il t'a employé souvent; enfin, comme il n'avait pas de domestique, il n'a pas demandé mieux, d'autant plus que tu lui as plu, et qu'il a été content de ton service : ainsi, je te le répète, c'est une affaire arrangée, et tu peux entrer quand tu voudras.

— J'irai aujourd'hui même... Mais, dis-moi, le chevalier n'avait pas, je crois, une très-bonne réputation à l'hôtel?

— Bah! de quoi vas-tu t'inquiéter? c'est un jeune homme charmant, aimant à s'amuser, à jeter l'argent par les fenêtres. Eh bien! s'il fait des dépenses folles, tant mieux, tu en profiteras.

— Autant que je me rappelle, on disait que c'était un joueur.

— Sans doute; mais c'est bon ton que de jouer : toutes les personnes riches jouent; elles n'oseraient pas faire autrement.

— Enfin j'irai toujours.

— Je crois bien : c'est une occasion d'or, et tu n'en trouveras peut-être pas deux comme celle-là dans ta vie. Le chevalier est coiffé de toi; il veut absolument que tu lui appartiennes; il n'y a pas à balancer, et, comme on dit, ton sort est dans tes mains.

— J'irai tout-à-l'heure.

— Tu nous dis cela drôlemen. ; tu n'as pas l'air enchanté comme je le pensais.

— Je ne suis pas mécontent ; mais c'est qu'il y a quelque chose dans ton état qui me répugne : il me semble qu'il est au-dessous de celui que je faisais. Être au caprice d'un maître, n'avoir pas une volonté à soi, cela me semble dur : c'est egal, je m'y ferai.

— Certainement. Eh ! ce sont des mots tout cela ; d'ailleurs tu vas avoir affaire à un maître qui ne te gêneras pas beaucoup, et dont tu seras plutôt le camarade que le domestique.

— Je ne te demande pas cela ; mais comme il faut d'ailleurs que je prenne un parti, ma résolution est tout-à-fait prise.

» Paulin s'efforça encore d'embellir en perspective ma nouvelle carrière par les beaux raisonnements ; mais j'avais au fond une certaine dose de bon sens qui savait faire justice de toutes ces utopies ; cependant, comme, en définitive, je n'avais pas d'autre choix à faire que de prendre cette condition, je finis par me rendre chez le chevalier.

» Avant de pousser plus loin, je dois vous apprendre ce que c'était que mon nouveau maître : c'était tout bonnement une de ces existences problématiques comme on n'en trouve qu'à Paris, auxquelles on ne connaît aucune fortune, aucun revenu, et qui cependant vivent toujours dans l'abondance et ne manquent jamais d'argent.

» Le chevalier n'avait pas d'autre occupation que celle de jouer et de faire des parties de plaisir. Était-ce le jeu qui fournissait à ses dépenses ? C'est ce que je ne saurais décider. Ce qu'il y a de certain, c'est que le jeu avait pour lui, comme pour tout autre, des chances défavorables.

» J'étais trop jeune alors et trop inexpérimenté pour faire ces observations : le chevalier alors n'était simplement à mes yeux qu'un maître ayant besoin d'un domestique; et si j'avais fait à Paulin quelques réflexions sur sa conduite, c'est parce que je les avais entendu faire à d'autres; mais elles ne pouvaient avoir assez d'influence pour m'empêcher d'entrer à son service.

» J'allai donc le trouver. Il m'accueillit fort bien, et me mit en peu de mots au courant de ce que j'avais à faire; et, comme le jeu venait de lui être favorable, il me donna d'avance une certaine somme, afin de me laisser habiller et de satisfaire aux menus frais d'installation.

» Mes fonctions domestiques se réduisaient à peu de choses : brosser les habits, cirer les bottes, et servir quand on mangeait à la maison, c'était à

peu près là tout ; mais ensuite j'avais à tenir tête
aux créanciers, à les empêcher d'arriver jusqu'à
mon maître, remplir une autre foule de détails de
cette nature qui m'auraient répugné si je n'avais
été en bon train de me pervertir.

« J'avais tout-à-fait rompu avec Jacques. Cet
excellent frère, qui avait un bon sens exquis, à
l'aide duquel il appréciait judicieusement toutes
choses, vit avec chagrin ma nouvelle position ; il
préjugeait qu'elle me conduirait à mal. Je sus cela
par des personnes qui le voyaient, et auxquelles
je m'informais de lui ; car, bien que je me fusse
séparé de mon frère, et que je méprisasse ses
conseils, je ne pouvais m'empêcher de l'estimer et
de conserver pour lui un reste d'affection ; mais ces
impressions étaient passagères, et je n'en conti-
nuais pas moins à suivre mon train de vie.

CHAPITRE V.

Je deviens tout-à-fait mauvais sujet. — Premières
fautes.

—

« Mon maître fréquentait plusieurs tripots et
maisons de débauches, et je le suivais dans ces
funestes endroits. Pendant qu'il tentait la fortune
dans les salons, et qu'il se livrait à des orgies
scandaleuses, je me trouvais, moi, en compagnie
des domestiques de ceux qu'il fréquentait. C'était
tout ce qu'il y avait de plus vicieux et de plus
crapuleux au monde.

« L'exemple est une chose contagieuse. Je perdis dans cette société le peu de principes qui me
restaient, et je devins un parfait mauvais sujet.
Je buvais, je jouais, je me livrais, en un mot, à
tous les excès répréhensibles.

2.

» Ma santé s'altéra, mon visage s'étiola ; je n'avais plus ces fraîches et brillantes couleurs que j'avais apportées du pays : ma pauvre et bonne mère aurait eu grand'peine à reconnaître son Bénédit dans ce jeune homme au teint blafard, aux joues creuses et aux regards effrontés.

» Jusque-là tout avait été à merveille pour moi. Je ne m'inquiétais pas plus du présent que je ne songeais à l'avenir : ma grande affaire était de vivre au jour le jour et de m'amuser. Mais les chances sont inconstantes dans une telle existence, et j'étais bien près de subir les premières épreuves de l'infortune.

» Le chevalier, à force d'entasser l'une sur l'autre les dettes et les escroqueries, finit, malgré toute son adresse, par se compromettre gravement, et par être obligé de rendre compte de sa conduite. Un beau matin, un garde de commerce l'enleva au sortir de sa maison, et il fut conduit à Sainte-Pélagie.

» Je me trouvai, par conséquent, sans ressources. Mon maître me devait la plus grande partie de mes gages : j'allai le trouver dans sa prison, afin d'en obtenir quelque chose. Il me répondit, en riant, qu'il m'avait porté sur la liste de ses créanciers. Comme sa belle humeur ne m'avançait pas et ne remédiait en rien à ma malheureuse position, je me fâchai et j'insistai pour qu'il me donnât quelque chose; mais, sans se déconcerter, le chevalier me prit par les épaules, et me mit à la porte de sa chambre, en me traitant de misérable et d'ingrat.

» Depuis quelque temps, Paulin n'était plus à Paris : il voyageait avec son maître. Qu'allais-je faire? que devenir? M'adresser à mon frère? mon amour-propre souffrait trop pour s'humilier; reprendre mon premier état? je ne me croyais plus fait pour cela. J'allais voir quelques-uns de mes compagnons de débauche, ceux avec lesquels j'avais fait tant de bombances : il me semblait qu'eux seuls allaient me tendre les bras et pourvoir à mes besoins.

» Je tombais bien : les uns me regardèrent à peine, et les autres me narguèrent en me disant que j'aurais dû rester décrotteur, parce que je n'étais bon qu'à cela ; il y en eut même qui finirent par me traiter comme le chevalier, parce que je m'avisai de me fâcher et de leur reprocher leur abandon.

» Je vendis un à un le peu d'effets qui me restaient; mais ces ressources ne me menèrent pas loin, et j'en fus réduit bientôt à sentir l'aiguillon de la faim. Ce n'est pas tout : j'avais été obligé de prendre un petit cabinet dans un garni; ne pouvant suffire à cette dépense, puisque je n'avais pas pour exister, on me jeta impitoyablement à la porte.

» J'étais donc sans pain et sans gîte. Pâle, exténué, pouvant à peine me soutenir, je traversais un matin la place des Victoires, lorsque je sentis quelqu'un me saisir par le bras : c'était Jacques.

» Je baissai la tête à sa vue ; lui, de son côté, me considérait en silence, et des pleurs roulaient dans ses yeux. Il fut quelque temps sans me dire une parole, tant il était affecté ; il ne pouvait se figurer que le jeune homme pâle, maigre et décharné qu'il avait devant les yeux fût l'enfant au teint frais et vermeil qu'autrefois il appelait son frère. Enfin, emporté par son cœur, il m'embrassa et me demanda comment il se faisait que je fusse réduit à une si triste position.

» Je lui contai mon histoire en peu de mots, et, quand il sut que je n'avais pas mangé depuis la veille, ses larmes redoublèrent, et il se hâta de m'entraîner chez un petit traiteur, où je dévorai en peu d'instants les mets qui me furent présentés. Quand j'eus satisfait mon appétit, Jacques, qui jusque-là ne m'avait fait aucun reproche, commença quelques observations que la nécessité me forçait d'écouter.

— Frère, me dit-il, tu as fait de bien grandes

sottises, et tu t'es rendu bien malheureux par ta faute; mais tout peut encore se réparer si tu veux redevenir raisonnable et te comporter sagement. Ne me quitte plus, je te trouverai de l'ouvrage, et tu ne seras plus exposé à souffrir la faim. Quand on sait se contenter de peu de chose, on est toujours heureux. Allons! viens, tu es grand maintenant, tu seras commissionnaire avec moi; au moins ta vie sera assurée, et, avec de l'économie, tu trouveras, comme moi, à mettre quelque chose de côté.

» Et puis, cher frère, tu ne sais pas le chagrin que ta conduite a causé aux parents. Ce n'est pas moi qui le leur ai appris; ils l'ont su par ceux qui sont retournés au pays. Viens, je te ferai voir leur lettre, et j'espère qu'en la lisant, elle te touchera assez pour t'empêcher de commettre de nouveaux excès.

» Je suivis Jacques : j'étais trop malheureux, je n'avais pas encore le cœur assez endurci pour résister à ses instances. Comme la première condition pour moi était d'exister, je me soumis d'assez bonne grâce à prendre des crochets, qu'il m'acheta, et je me mis à partager ses travaux.

» Plusieurs mois s'écoulèrent ainsi; je me montrais résigné, et le bon Jacques me croyait tout-à-fait revenu de mes erreurs; mais, au fond, je

n'étais pas corrigé, et j'attendais qu'une occasion
se présentât de prendre un état moins rude et plus
conforme à mes inclinations de mollesse.

» Un jour que j'étais occupé à faire un déména-
gement, j'avais chargé sur mes crochets une commode fort lourde, et, accablé sous ce pesant far-
deau, je marchais avec peine, lorsque, au détour
d'une rue, je me trouvai face à face avec Paulin.

« Il était superbement vêtu, et ne portait plus
de livrée.

— Comment! c'est toi, me dit-il; et d'où vient
que te voilà encore réduit à faire ce métier de bête
de somme?

— Hélas! lui répondis-je, la fortune ne m'a pas
favorisé, et j'ai été obligé de revenir à mon frère.

» Je lui racontai alors tout ce qui m'était arrivé,
et l'extrémité où je m'étais vu réduit.

— Allons! je vois décidément que tu n'es qu'un
sot, répliqua Paulin; tu perds la tête pour rien,
et tu ne sais pas te tirer d'affaire.

— Mais toi, lui dis-je, d'où vient que je te vois
mis comme un prince, et dans un état qui annonce
la prospérité?

— Oh! moi, j'ai su me retourner, et mes
affaires sont en bon chemin.

— Ah! et qu'est-ce que tu fais donc?

— Je suis banquier.

— Comment! banquier!... Mais c'est une plaisanterie! Comment es-tu parvenu à te mettre dans une pareille position?

—Oh! c'est mon histoire, et je te raconterai tout cela. Mais écoute : tu vas te débarrasser de ce meuble et me suivre; tu sais que tu m'as toujours inspiré de l'intérêt; je veux changer ta position.

» J'étais un peu indécis; je me rappelais que c'étaient les conseils de Paulin qui m'avaient perdu la première fois, et je tremblais de retourner encore dans la misère. Il vit mon hésitation.

— As-tu peur que je te trompe? dit-il? Tiens, regarde, voilà de l'or, et j'en ai bien d'autre chez moi.

» Effectivement il étalait sous mes yeux une poignée de pièces d'or, à la vue desquelles je fus tout ébahi. La tentation était trop forte; j'entrai deposer la commode que j'avais sur le dos, et qui maintenant me semblait dix fois plus lourde et m'accablait comme si j'eusse supporté le poids d'une maison; puis, sans prévenir personne, pas même mon pauvre frère, envers qui j'agissais avec tant d'ingratitude, je suivis Paulin jusque chez lui.

CHAPITRE VI.

Je deviens escroc. — Nouveaux revers

» Paulin était magnifiquement logé rue de Richelieu. Je rencontrai chez lui une dame, à laquelle il me présenta : je savais qui elle était, car il m'avait raconté son histoire tout le long du chemin.

» Paulin était parvenu à séduire la maîtresse de son maître, qui était déjà d'un certain âge. Comme cette femme avait su se faire donner de riches cadeaux et des sommes d'argent assez fortes, c'est alors qu'ils projetèrent tous deux de fuir et de venir ensemble à Paris.

» Comme Paulin avait l'esprit actif et qu'il était fort astucieux et fort peu scrupuleux sur les moyens, il résolut de profiter de sa bonne chance, et d'essayer de tenter la fortune d'une façon ou d'une autre.

» Il établit une maison de jeu clandestine, où n'étaient admis que des jeunes gens riches. Il les ruinait, et leur prêtait sur nantissement de l'argent à gros intérêts, ou leur faisait faire des billets qu'il trouvait le moyen d'escompter ; enfin sa maison était un véritable tripot, une espèce de coupe-gorge, comme il en existe malheureusement trop dans Paris, où les fils de famille viennent dévorer en peu de temps la fortune qu'ils ont à espérer pour l'avenir.

» Emerveillé de l'adresse de Paulin, et n'étant pas moi-même fort susceptible, je trouvai légitimes les moyens scandaleux qu'il mettait en œuvre pour s'enrichir, et je n'en prévoyais pas le danger.

— Je vais te faire habiller convenablement, me dit-il, et te donner tout ce qu'il te faut : car j'ai besoin de toi, et tu resteras avec moi. Il faudra aussi que tu changes de nom ; car Bénédit Chrétien, ce serait par trop ridicule : nous sommes ici en relation avec des gens comme il faut, et il est nécessaire d'avoir un nom qui sonne. Moi, je m'appelle maintenant M. du Verbois, et toi, voyons comment t'appellerons-nous ?

—Eh bien ! je m'appellerai du Verpré ?

— Soit ! du Verbois et du Verpré ! Ce sera peut-être un peu redondant ; mais c'est égal.

— Bah ! on s'y fera. D'ailleurs il ne tient qu'à nous de me baptiser autrement.

— Non , non : c'est dit maintenant, et cela ne fait rien.

— Allons ! c'est bien convenu.

—Maintenant, voici ce que j'attends de toi : il faut que je t'apprenne à tenir la table de bouillotte ou de vingt-et un , afin que tu puisses me remplacer quelquefois, et puis tu seras chargé aussi de courir pour la négociation de nos billets ; enfin je te connais intelligent, je pense que tu me seconderas bien ; et tu verras que j'agirai avec toi de manière à ce que tu fasses aussi tes affaires.

» On fit venir un fripier qui avait chez lui tout ce qu'il fallait pour compléter la toilette d'un homme. En quelques instants je fus métamorphosé : je n'avais plus rien du commissionnaire auvergnat, et mon pauvre frère, auquel je ne songeais plus, tant j'étais ébloui, aurait eu grande peine à me retrouver sous mon enveloppe de fashionnable.

» Comme je ne manquais pas, en effet, de moyens naturels, ce qui était un malheur pour moi , car ma vie aurait été moins agitée si j'avais eu une intelligence plus bornée, je fus bientôt au courant de ce que Paulin exigeait de moi, et je faisais les honneurs d'une table de jeu avec la grâce et toute la dextérité d'un homme exercé.

" Je perdis contenance en voyant entrer une personne que je n'attendais certainement pas ; c'était le chevalier Dubourjal, mon ancien maître. Je me sentis fort embarrassé, et je ne savais vraiment quel air je devais prendre devant lui ; mais je le vis s'avancer vers Paulin, dont il avait aussi connu la condition, puisque c'était par ce dernier que je lui avais été présenté. Tous deux se donnèrent la main d'un air très-franc et très-dégagé, comme de véritables amis. Je ne savais qu'en penser ; mais cela me remit un peu de ma gène, et je m'avançai vers le chevalier avec assez d'assurance.

— Eh ! comment, c'est toi..., c'est vous, monsieur ! et par quel hasard vous retrouve-je ici ?

— Je suis chez mon ami du Verbois.

— Ah ! oui, monsieur est une ancienne connaissance. Je me rappelle ; mais, pardon, j'ai oublié votre nom.

Du Verpré, se hâta de dire à Paulin.

— Ah ! du Verpré ! du Verbois, du Verpré ! Vous avez là, messieurs, des noms qui nous feraient soupirer après la belle nature, et qui donnent un avant-goût des plaisirs champêtres. Allons ! M. du Verpré, je suis enchanté d'avoir eu le plaisir de vous revoir et de renouveler connaissance avec vous.

» Le chevalier, en disant ces mots, passa devant moi en me saluant assez lestement, et fut s'asseoir à une table de jeu.

» Paulin m'apprit qu'il avait eu l'occasion de prêter quelque argent au chevalier, qui, au fond, ne valait pas mieux que nous ; c'est pour cela qu'ils étaient si bien ensemble.

» Nous n'étions donc occupés qu'à faire des dupes, soit au jeu, soit par négociations frauduleuses. Quand une fois on est dans cette voie, on va loin : nous arrivâmes jusqu'à souscrire de faux billets, afin d'abuser de l'espèce de crédit dont nous jouissions dans quelques maisons.

» La police eut enfin l'éveil, et parvint à découvrir notre tripot. Un beau soir donc la maison fut envahie au moment où l'on s'y attendait le moins, et ceux qui s'y trouvaient furent enlevés et conduits au dépôt de la préfecture.

» Le hasard voulut que je fusse sorti au moment où se présentèrent les agents de l'autorité. J'étais sur le point de rentrer, quand je m'aperçus que la maison était cernée par des troupes. Un secret pressentiment me dit que cela me concer-

nait. Je me glissai au milieu d'un groupe de cu-
rieux, et je m'informai de ce qui se passait : on
m'apprit qu'on venait de saisir un tripot clandes-
tin ; je ne demandai pas mon reste.

» J'avais heureusement quelque argent sur
moi, provenant d'un escompte que je venais de
faire à l'aide d'un de nos billets. Je louai une
chambre sous un autre nom, et restai quelque
temps sans me montrer, afin de ne pas éveiller les
soupçons.

CHAPITRE VII.

revois mon frère Jacques.

» Quelques semaines se passèrent ainsi. Voyant que je n'étais pas inquiété, je repris ma sécurité, et je songeai à me procurer d'autres ressources ; j'étais dans la voie du crime, je n'avais que le crime pour refuge.

» Je résolus d'abord de tenter la fortune au jeu et je me hasardai à entrer dans une des maisons du Palais-Royal, afin d'exposer aux chances du sort le peu d'or qu'il me restait.

» Là je trouvai encore mon chevalier Dubourjal. J'eus d'abord quelques craintes ; mais il vint à ma rencontre, et me rassura par son accueil. Je lui exposai ma situation ; il m'engagea à agir avec patience, et me promit de venir me voir.

« J'eus, pendant les premiers jours, quelques vaines de bonheur au jeu : ce succès m'enhardit, et me fit espérer un sort plus favorable; afin d'atteindre plus vite la fortune que je convoitais, je hasardais de grosses sommes. Ce que je possédais fut bientôt englouti, et je me vis encore une fois sans ressource, et sans aucun moyen de satisfaire ma funeste passion.

» Mon existence était affreuse : je passais des nuits sans sommeil; je voyais l'avenir sous des couleurs déplorables. Un matin j'entends frapper à ma porte, je saute bien vite hors du lit, pensant que c'est le chevalier qui venait me voir, d'après la promesse qu'il m'avait faite. Dominé par cette pensée, j'ouvre précipitamment la porte sans savoir quel était le visiteur; qu'on juge de ma surprise et de ma consternation : c'était mon frère que j'avais devant les yeux.

Jacques, de son côté, était stupéfait, et me regardait d'un air égaré; il était évident que ce n'était pas moi qu'il pensait rencontrer. Nous finîmes enfin par nous remettre et par entrer en explication. Avant de vous en donner les détails, je reprendrai mon récit de plus haut, afin de vous faire connaître par quels accidents mon frère se trouvait en ma présence.

» Jacques depuis long-temps avait abandonné ses crochets, et quitté le coin de la rue pour entrer, comme homme de confiance, dans une riche maison de banque. Jacques était investi de l'entière confiance de ses patrons : je n'ai pas besoin de dire combien il la méritait sous le double rapport du zèle et de la probité.

» Il arriva que cette maison reçut en paiement deux des faux billets que nous avions lancés dans la circulation, et qui justement avaient été fabriqués par moi ; car je dois dire à ma honte, qu'à l'aide de mon intelligence j'étais parvenu à m'instruire, et j'appliquai au vol les talents dont la nature m'avait doué, et que j'avais acquis, en quelque sorte, instinctivement.

» Jacques avait été chargé du recouvrement des deux billets, et mon malheureux frère était bien éloigné de croire qu'ils fussent écrits de ma main. Il se mit en quête pour savoir d'où ils provenaient, et bientôt il fut sur la trace de nos escroqueries.

» Il rencontra justement, dans la maison que nous habitions, rue de Richelieu, une de ses connaissances, à qui il conta son affaire. C'était peu de temps après que la police avait fait une descente dans notre atelier de friponnerie. Le hasard voulut que cet homme, qui m'avait vu souvent, me rencontrât dans le Palais-Royal, au moment où je sortais du jeu. Il me suivit et parvint à connaître ma demeure, qu'il courut indiquer à mon frère. C'est ainsi que nous nous trouvâmes rapprochés, sous les auspices de la honte et de l'infamie.

» Jacques gardait devant moi une contenance digne et sévère.

— Je vous préviens, me dit-il, que vous êtes dénoncé, et que, d'un instant à l'autre, vous pouvez être arrêté. Je vais essayer, autant que possible, d'arrêter les poursuites à l'égard de ces deux billets, que je vais acquitter avec le fruit de dix années d'économies destinées à soulager notre famille. Adieu ! je vous regarde comme perdu, car vous voilà flétri, déshonoré : il n'y a plus rien de commun entre nous. Poursuivez la carrière du crime dans laquelle vous vous êtes jeté ; Dieu sait où vous vous arrêterez.

» J'étais accablé. Il sortit, et je n'eus pas la force de le retenir. Je me rappelai l'avis qu'il m'avait donné ; et, la terreur s'emparant de moi, je me hâtai bien vite d'abandonner mon logement pour n'y plus rentrer.

» Il me restait encore quelques écus ; j'allai louer une mansarde dans un quartier retiré, et là je me tins sur mes gardes, et me mis à réfléchir

3..

sur mon sort : je n'osais envisager ma conduite passée, et je n'avais que faire pour l'avenir. Plusieurs jours s'écoulèrent dans cette affreuse incertitude.

» Je n'osais me hasarder de sortir le jour, dans la crainte d'être arrêté; j'attendais que la nuit fût venue, afin de respirer un peu et de prendre quelque nourriture. Je me promenais un soir sur le boulevard Saint-Antoine, réfléchissant avec angoisse à ce que je devais faire : il était urgent, en effet, que je prisse un parti; car il me restait à peine de quoi vivre pendant deux jours. Tout-à-coup un homme de mauvaise mine s'arrête devant moi; je jette les yeux sur lui avec frayeur, pensant que c'est un agent de police chargé de m'arrêter : quel est mon étonnement en reconnaissant Paulin !

» Sa vue me fit mal : je le regardais, ainsi que je l'ai dit, comme un mauvais génie; il me semblait que l'enfer le jetait sur mes pas pour m'entraîner encore dans quelque funeste circonstance; cependant, dominé par l'empire qu'il avait pris sur moi, je n'eus pas la force de le fuir.

— Comment ! c'est toi ! s'écria-t il en m'embrassant avec effusion; quel bonheur de te rencontrer !

— Mais à quel hasard dois-je donc de te retrouver ? lui répondis-je : il me semblait que tu devais être arrêté.

— Pas du tout. J'avais pris mes précautions : lorsque la bande de la police est venue chez moi, j'ai profité du désordre pour me sauver par un petit escalier dérobé qui donnait dans la maison voisine appartenant au même propriétaire. Comme l'entrée n'était pas gardée de ce côté-là, je me suis esquivé sans difficulté.

— Et quelle est ta position ?

— Mais guère meilleure que la tienne, à ce que je vois.

— Elle ne peut être pire ; car je t'avouerai que je suis à mon dernier sou.

— Eh bien ! mon cher, c'est encore la Providence qui m'envoie vers toi ; ne te désespère pas , car avant peu nous aurons réparé nos pertes.

— Et comment cela ?

— Je te le dirai ; mais il faut une bonne résolution, et pas de sots scrupules surtout.

— Allons ! tu vas m'entrainer encore dans quelque mauvaise affaire, et je t'avoue...

— Mon cher, ce que j'ai à-te proposer est notre dernière ressource ; car que veux-tu faire dans la position où nous sommes ? Tu ne penses pas à redevenir commissionnaire ; tu serais arrêté au bout de deux jours.

— J'avoue que je suis dans une situation désespérée, et j'ai déjà eu la tentation de me donner la mort.

— Allons donc ! quelle bêtise !... Voyons, viens chez toi, nous allons acheter quelque chose pour souper, car je commence à avoir faim, et je te dirai ce dont il s'agit.

CHAPITRE VIII.

Le vol. — Mon frère Jacques est compromis.

—

« Je marchais tristement à côté de Paulin, absorbé par de cruelles réflexions. Comme il avait encore un peu d'argent, il acheta quelques provisions, et nous allâmes nous renfermer dans ma chambre.

» Là, après quelques circonlocutions et quelques détours captieux, il arriva enfin à me confier qu'il s'agissait de commettre un vol. Je sautai en arrière à cette odieuse proposition, et je lui dis fermement qu'il ne devait pas compter sur moi pour une pareille chose.

» Paulin ne s'émut pas du tout, en voyant l'opposition que je faisais à ses séductions, et il se contenta de sourire de pitié, comme s'il eût eu la ferme confiance de me ramener à ses desseins.

» Je sus que, depuis que nous étions séparés, n'ayant aucune ressource pour exister, il s'était affilié à une bande de filous dont le métier était de dévaliser les boutiques et les passants, il s'était exercé dans ce genre d'exploitation, et avait réussi.

— C'est un métier tout comme un autre, ajouta-t-il, et voler en fouillant dans les poches, ou voler en faisant circuler de faux billets, c'est toujours voler, et je ne conçois pas tes beaux scrupules ; cependant je n'ai pas plus que toi l'intention de continuer ce métier, parce qu'il finit par être dangereux. Je veux faire une fois un beau coup, et rester tranquille après. Il se présente pour cela une occasion peut-être unique et qui ne présente aucun risque, je veux en profiter : vois si tu peux être des nôtres ou mourir de faim.

« Il m'apprit alors qu'un riche banquier de la rue du Santier venait de partir pour la campagne avec toute sa famille ; il avait laissé la garde de sa maison à un homme de confiance, qui avait ordinairement toutes les clefs en sa possession.

» Un des voleurs était parvenu à faire la connaissance de cet homme, il devait l'entraîner hors de la maison sous un prétexte, le faire boire et l'endormir avec un narcotique ; pendant ce temps ses clefs lui étaient enlevées, et on venait dévaliser le banquier.

— Tu vois, ajouta Paulin, qu'il n'y a aucun danger à courir, et que tout cela se passera le mieux du monde; nous allons voler un homme qui peut-être en a volé beaucoup d'autres, car ces messieurs n'ont guère plus de conscience que nous. C'est demain, à la brune, que le coup se fait; ainsi je t'y ferai participer, si tu veux. Réfléchis, et décide-toi promptement; d'un côté la misère et la faim; de l'autre, une masse d'or avec laquelle nous vivrons en honnêtes gens, si nous le pouvons : vois de quel côté tu veux te tourner.

» Je suais à grosses gouttes en écoutant Paulin, et j'étais dans une agitation difficile à décrire. Le choix qu'il me laissait ne m'offrait d'un côté ou d'un autre, qu'une épouvantable issue; il fallait se décider, car Paulin allait sortir, et je ne devais plus le revoir : je consentis à devenir voleur, puisque la route criminelle dans laquelle je m'étais engagé ne me laissait pas d'autre ressource. C'était toujours le résultat où conduisent les premières fautes. Ah! s'il m'eût été possible en ce moment de recommencer ma vie! mais il n'était plus temps; ces regrets venaient trop tard.

» Paulin me promit de revenir le lendemain

dans l'après-midi, après avoir prévenu ses complices de ma participation au crime. Quelle nuit affreuse je passai ! et comme ma conduite se déroulait, devant mes yeux, hideuse et souillée ! Je repassai dans mon souvenir les jours paisibles de mon enfance. Quel abîme j'avais creusé sous mes pas depuis cette époque ! De quelque opprobre n'allais-je pas encore couvrir le front de mes honnêtes parents !

« J'eus quelquefois la tentation d'aller me jeter aux pieds des magistrats, de me livrer à eux, et de leur dévoiler le complot ; mais je n'en eus pas le courage ; et puis je ne pouvais le faire sans compromettre Paulin, et, malgré l'influence fatale qu'il avait eu sur ma vie, il me semblait que je ne devais pas reconnaître ainsi les preuves d'attachement qu'il me donnait à sa manière.

» Le sort en était jeté, j'attendis : Paulin fut exact. Je le vis arriver juste à l'heure convenue ; il avait son air gai et dégagé, et on aurait cru qu'il s'agissait plutôt pour lui d'aller faire une partie de plaisir que de commettre une mauvaise action.

— C'est bien, me dit-il, te voilà prêt, et je vois avec joie que tu ne seras pas déraisonnable comme hier ; j'ai prévenu les camarades que tu serais des nôtres : ils ne voulaient pas trop consentir à voir rogner leur part ; mais j'ai parlé ferme, et ils ont fini par se taire. Ainsi tout est arrangé, nous n'avons plus qu'à partir. Dis adieu à ton mauvais galetas : j'espère que ce soir nous serons tous les deux dans un bel appartement.

— Oui, ou dans un cachot ! m'écriai-je.

— Bah ! tais-toi donc ; au surplus, on n'entreprend rien sans courir quelque chance ; et, ma foi ! si ce malheur nous arrive, eh bien ! nous prendrons cela en philosophes.

» Je ne répondis rien : je pris mon chapeau, nous nous dirigeâmes vers la rue du Sentier, nous entrâmes chez un marchand de vin où se trouvaient déjà réunis tous ceux qui devaient prendre part à l'affaire. Paulin me présenta, et je reconnus, parmi eux, deux jeunes gens que j'avais rencontrés au jeu. Le vol ou le suicide sont les conséquences naturelles du jeu. Nous étions toujours sur notre terrain.

» L'un de nous avait un costume d'Auvergnat, dont la vue me fit impression : c'était celui qui devait emmener l'homme de confiance, et lui dérober ses clefs ; il devait ensuite revenir nous rejoindre, et de là nous irions consommer le vol.

» L'heure de son rendez-vous étant arrivée, il sortit donc. Le cabaret où nous nous trouvions donnait sur la rue, et j'étais placé de manière à

voir les passants ; je revis bientôt l'homme qui venait de nous quitter, avec une autre personne
que je crus être mon frère ; mais comme la nuit
était déjà avancée, je ne pus distinguer ses traits,
et je restai dans l'incertitude.

» Cette vue néanmoins me fit mal. Grand Dieu !
pensai-je intérieurement, si c'était effectivement
lui, ce serait moi qui aurais la barbarie de le
compromettre, lui si probe, si honnête, et qui
m'a donné tant de preuves d attachement !

» Cette idée m'accablait. Paulin s'aperçut de
mon trouble, et me demanda tout bas ce qui m'a-
gitait. Je lui fis part de mes réflexions ; mais il
les repoussa, et parvint enfin à me rassurer sur
ce point.

» Quelques heures s'écoulèrent, pendant lesquelles on vidait force bouteilles, afin de se donner de l'assurance ; nous vîmes enfin revenir celui qui nous avait quittés ; il nous montra d'un
air triomphant le trousseau de clefs.

— Allons ! dit-il, ne perdons pas de temps,
quoique cependant notre homme ne se réveillera
pas de sitôt. Je l'ai laissé chez un marchand de
vin, qui le croit ivre, et il ronfle tout à son aise sur
le coin d'une table : j'ai promis de venir le reprendre ; mais va-t'en voir s'ils viennent ! Dépê-
chons-nous donc, le plus tôt sera le meilleur.

« Nous entrâmes alors à quatre dans la maison du banquier, en ayant soin d'arriver l'un après l'autre sous différents prétextes. Toutes les mesures étaient si bien prises, et ceux qui étaient avec nous avaient une connaissance si exacte des lieux, que rien ne vint entraver notre opération.

« Ayant d'ailleurs toutes clefs à notre disposition, nous dévalisâmes lestement toutes les valeurs qui étaient en caisse, et, quelques instants après nous en faisions le partage.

— Il me vient une réflexion, dit celui qui avait amené l'homme de confiance : je pense, comme nous n'avons pas été longs dans notre expédition, que mon homme dort toujours; je vais retourner au cabaret, où il est, et je lui remettrai ses clefs dans sa poche, de sorte qu'il ne s'apercevra de rien ; quelques jours s'écouleront avant qu'il s'avise de regarder dans sa caisse; pendant ce temps là nous serons tranquilles, et on perdra la piste.

« Nous applaudîmes à cette proposition, et nous ne nous séparâmes que lorsque ce projet eut été exécutée. Le vin que j'avais bu m'avait monté la tête, et j'avais mis de côté mes remords. Nous avions à nous deux, Paulin et moi, une somme de quatre mille francs ; avec cela, nous espérions que nous ne pourrions jamais manquer.

CHAPITRE IX.

Je me livre à la justice. — L'innocence de mon frère
Jacques est reconnue.

—

» J'avais repris mes habitudes, et je commen-
çais à retourner dans les maisons de jeu. Je jouais
avec un peu plus de prudence qu'auparavant, et
je n'eus pas à me plaindre cette fois de la fortune ;
car je fus favorisé par des chances de gain considérables, et bientôt je me vis à la tête d'une
somme importante, et qui devait suffire à ma
fortune.

» Quelques mois s'écoulèrent ainsi, j'étais tout-
à-fait rassuré sur les suites de notre vol, et l'a-
bondance dans laquelle je me trouvais m'avait fait
entièrement oublier le passé. J'entrai un jour

dans un café où Paulin m'avait donné rendez-vous; comme il n'était pas encore arrivé, je me mis, en attendant, à parcourir quelques journaux. Qu'on juge de ma douleur lorsque je lus l'article suivant :

« L'affaire de Jacques Chrétien, accusé de vol
» domestique chez M. B..., banquier, rue du Sen-
„ tier, doit être appelée sous peu à la cour d'assi-
» ses. »

» Je relus plusieurs fois ces terribles mots, qui retombaient de tout leur poids sur mon cœur; ma tête était brulante, mon front inondé de sueur; je me hâtai de sortir.

» Jacques ! m'écriai-je, Jacques ! lui, mon bon frère, accusé d'un vol que j'ai commis ! Misérable que je suis ! mais il est encore temps; je le sauverai; je me dénoncerai moi-même, et mon frère sera rendu à la liberté. Courons, car chaque minute de retard souille une vie honorable.

» Le repentir m'avait touché cette fois, je me faisais horreur; mais la résolution que j'étais bien résolu d'accomplir me réconcilia un peu avec moi-même.

» Je voulus me rendre d'abord à la prison pour voir mon frère; mais on ne voulut pas me laisser pénétrer jusqu'à lui : il fallait une permission. Je demandai alors quel était le juge qui l'avait interrogé ; on m'indiqua sa demeure , et je m'y rendis. Je me jetai aux pieds de ce magistrat : je lui racontai toute mon histoire, et je lui confessai mon crime.

» Cet homme respectable fut attendri. Il reçut ma déposition, et me félicita de ma résolution ; il me délivra une permission pour voir mon frère, et décerna, en même temps, un mandat d'arrestation contre moi, puis appelant un garde, il lui donna ordre de me conduire à la conciergerie.

» Je ne pourrais vous peindre l'agitation que j'éprouvai quand on ouvrit la porte du cachot où était renfermé mon frère.

— Jacques ! Jacques ! m'écriai-je en m'élançant à ses pieds et en les baignant de mes larmes, Jacques, tu va sortir d'ici, je viens prendre ta place : c'est moi qui suis coupable, c'est moi seul qui serai puni.

» Jacques était attendri : il n'avait pas la force de me repousser ; bientôt, cédant à son bon cœur, il me tendit les bras, et nous restâmes long-temps embrassés.

» Lorsque nous fûmes seuls et un peu remis de ces tristes émotions, Jacques me dit :

— Malheureux enfant ! dans quel abîme tu t'es plongé ! J'étais résigné à mon sort, il fallait me

laisser condamner ; étant innocent, j'aurais supporté ma peine avec courage, et jamais je ne t'aurais dénoncé...

— Comment ! dénoncé!... m'écriai-je stupéfait,
tu savais donc...

— Sans doute, ce porte-feuille, malheureux !
que tu avais perdu, et que j'ai retrouvé dans la
maison de mon maître le lendemain du crime !...

— Grand Dieu ! il est vrai... O mon bon frère !
sublime Jacques !

» Je me rappelai effectivement que j'avais perdu
ce jour-là mon porte-feuille ; mais je ne savais à
quel endroit. Il paraît que, dans mon trouble et
en chargeant mes poches, j'avais laissé tomber,
dans les appartements du banquier, cette pièce de
conviction, que la générosité de Jacques avait
soustraite aux investigations de la police.

» Ce trait de grandeur d'âme et de noble dé-
vouement exalta encore ma reconnaissance pour
lui, et je le serrai de nouveau dans mes bras.

» On me laissa dans le cachot de Jacques, qui
ne pouvait être élargi que lorsqu'on aurait rempli
les formalités nécessaires. Le juge instructeur,
auquel je m'étais adressé la veille, vint nous
voir; je lui contai l'affaire du porte-feuille, et lui
signalai avec chaleur le trait de générosité de
Jacques qui avait mieux aimé souffrir pour moi

que de me dénoncer, quand il avait en main les preuves évidentes de ma culpabilité.

» Le juge, attendri, lui tendit la main, et le félicita avec émotion. « Quant à vous, me dit-il, vous avez été bien coupable ; mais je crois votre repentir bien sincère, et j'essaierai d'adoucir les rigueurs de la loi à votre égard. Allons ! du courage, mes amis, au revoir. »

» Quelques jours s'écoulèrent, et le concierge de la prison reçut l'ordre de mettre Jacques en liberté. Nous nous embrassâmes ; mais ce bon frère gémissait de me voir rester à sa place ; il goûtait peu la liberté sans moi. Je l'exhortai à la résignation, et, avant de sortir, il me promit de revenir chaque jour me consoler et me tenir compagnie.

» J'ai dit que j'avais gagné au jeu des sommes considérables : ma fortune pouvait s'élever à une cinquantaine de mille francs. Je remis la clef de mon appartement à mon frère, et je lui dis de prélever la somme qui avait été dérobée à son patron, et d'en faire la restitution.

— Le reste t'appartient, lui dis-je, et tu pourras en disposer ; s'il sort d'une source honteuse, c'est moi qui en subirai la honte ; mais cet or s'épurera entre tes mains.

» Jacques voulut me résister pendant quelque

temps; mais je lui fis entendre raison en lui exposant la misère de nos pauvres parents, qui devaient être au moins dédommagés de tous les chagrins que je leur causais. Son bon cœur ne résista pas à ces objections, et il consentit à tout.

» Il courut bien vite chez son patron dès qu'il fut libre, et lui restitua, comme je lui avais dit, la somme qu'on lui avait volée, et qui s'élevait à environ vingt mille francs. Celui-ci fut touché de cette démarche : il n'était pas sans remords pour la conduite légère qu'il avait montrée dans cette affaire, en dénonçant, sur de simples soupsons, un homme dont la probité avait été depuis long-temps mise à l'épreuve. Il fut donc comblé de joie, et se sentit soulagé d'un grands poids quand il revit le pauvre Jacques en liberté ; il voulut le dédommager en lui offrant la moitié de la somme qu'il venait de restituer ; mais Jacques refusa obstinément.

» Le banquier n'était pas un méchant homme, bien loin de là ; il fut ému du désintéressement de Jacques, et voulut absolument trouver une occasion de lui rendre service. Il se fit raconter tous les détails de son histoire. Comme il avait pour amis des hommes puissants, et qu'il se trouvait maintenant désintéressé, il résolut de tout entreprendre pour me sauver.

4

» A force de soins et de démarches, et secondé par le bon juge d'instruction auquel j'avais été me dénoncer, et qui, touché de mon repentir, continuait à me donner des marques du plus vif intérêt, ils parvinrent à étouffer cette affaire, et, après quelques mois de détention, j'eus le bonheur d'être rendu à la liberté.

» Mon bon Jacques ne se possédait plus de joie dès qu'il me vit libre. Après les premiers moments d'épanchement, il me regarda quelques instants avec inquiétude et me demanda :

— Frère, que prétends-tu faire maintenant !

— Retourner au pays, lui répondis-je ; tu sens, mon ami, que j'ai fait de trop tristes épreuves à Paris pour que son séjour me charme encore. Non, Jacques, ce n'est pas la crainte de retomber dans mes égarements qui me fait prendre cette résolution ; non : je suis sûr de moi, et je me juge assez sévèrement pour n'avoir pas à craindre de ce côté ; mais, après une vie agitée pas tant de désordres et de misères, j'ai besoin de me reposer. Nous avons une petite fortune qui m'appartient bien, et que j'ai payée assez cher ; allons la partager avec nos bons parents, et passons désormais près d'eux notre existence.

» Jacques m'embrassa avec effusion, des larmes de joie brillaient dans ses yeux. Nos préparatifs

furent bientôt achevés, et, peu de temps après,
la diligence nous transportait dans l'Auvergne,
que je regardais, après tant de vicissitudes, comme la terre promise. »

CONCLUSION.

—

J'ai su plus tard par le père Vidal, mon brave
porteur d'eau, dont il a été question au commen-
cement de cette histoire, tous les détails de la vie
du frère de Jacques dans le pays qui l'avait vu
naître. Bien que ces détails n'aient en eux-mêmes
aucune complication, puisque son existence jusque-là si heurtée devait reprendre un cours plus
paisible, ils présentent néanmoins une circonstance morale qu'il leur donne de l'intérêt.

Dieu est juste. S'il nous paraît quelquefois

manquer d'équité, et s'il semble laisser l'impunité au coupable, c'est parce que nous ne sommes pas dans la confidence de ses desseins, et qu'il ne nous est pas donné d'entrer dans les voies détournées par lesquelles il atteint le coupable et lui réserve la punition.

Ainsi, par exemple, un homme qui aurait passé sa vie dans des labeurs accablants et ingrats, qui se serait trouvé, au bout de sa carrière, réduit à la plus déplorable condition et à l'impuissance du travail, et qui aurait vu Bénédit, après avoir souillé sa vie par tous les excès, revenir dans son pays favorisé avantageusement par le destin, vivre à son aise et en repos, comme s'il eût rempli honorablement toutes les conditions de l'existence en satisfaisant aux devoirs que lui imposaient la société et la morale ; cet homme, dis-je, n'aurait-il pas semblé excusable s'il se fût écrié dans son infortune : Dieu est injuste ; il me commandait le travail et l'honnêteté pour être heureux, je lui ai obéi, et cependant je suis accablé de misère, tandis que cet autre, qui lui a désobéi en toutes choses et s'est flétri aux yeux des hommes, a pour lui le bien-être et les jouissances de la vie ; j'ai regret alors de n'avoir pas été un coquin, car si, j'avais suivi ses traces, je serais sans doute comme lui.

4.

Eh bien ! cet homme se serait trompé, il n'aurait jugé les choses qu'à la superficie, et, s'il lui eût été donné de les approfondir, il aurait vu que Bénédit ne devait pas être heureux, et que la lie était restée pour lui au fond du vase. Si Bénédit avait, commes Jacques, le bien être de la vie, ils étaient loin d'en jouir tous deux dans les mêmes conditions : l'un se reposait paisiblement comme un voyageur au bout de sa course, l'autre restait toujours agité par la fatigue et le remords.

Le père chrétien et sa femme étaient déjà bien vieux quand leurs deux enfants revinrent sous le toit paternel ; la conduite de leur jeune fils avait empoisonné leur paisible existence, et le chagrin avait aggravé les infirmités de l'âge. Malgré les précautions de Jacques, ils avaient connu les détails de tout ce qui s'était passé, et, avec la délicatesse et la probité de leurs sentiments, ils ne pouvaient supporter qu'un de leurs enfants, malgré l'impunité, eût été souillé d'une tache déshonorante dont la honte réjaillissait sur leurs fronts vénérables, et les condamnait à rougir éternellement.

Bénédit, en revoyant les lieux qui l'avaient vu naître, et d'où il était parti si pur, était aussi sous le poids de ces impressions pénibles, il redoutait la présence de ces parents auxquels il avait été si cher. Quel accueil allait-il en recevoir? lui pardonneraient-ils ses égarements? Son front soucieux annonçait à Jacques les impressions tumultueuse de son âme, et ce bon frère cherchait à ranimer sa confiance et son courage. Cette première entrevue fut bien pénible : lorsque tous deux pénétrèrent dans la chaumière, Jacques, qui entrait le premier, demeura long-temps pressé dans les bras de son père et de sa mère ; quant à Bénédit, resté debout comme un étranger, il attendait un mot consolant à la suite de ce premier moment d'effusion ; mais ses vieux parents restèrent silencieux ; leurs yeux baissés et noyés de larmes semblaient redouter de se lever sur lui. Bénédit, dans cette cruelle alternative, restait morne et abattu : il ressemblait à un coupable prêt à subir son supplice. Cette position devenait insupportable, et Jacques, qui en souffrait comme les autres, entreprit de le faire cesser.

« Allons! père, allons! mère, s'écria t-il, voilà Bénédit votre Fils ; est-ce que vous n'avez rien à lui dire quand il revient près de vous, quand il revient pour ne plus vous quitter? Allons! embrassez-le, et oubliez le passé. Il y a de la miséricorde au ciel, et il doit y en avoir aussi dans le cœur des parents. Le frère a fait des fautes ; et il en est assez puni par son repentir, et vos reproches et votre abandon n'ajouteraient que plus d'amertume à ses regrets. Allons ! allons, un bon mouvement ! faites comme j'ai fait, ouvrez-lui vos bras. »

Cette allocution pleine de sentiment produisit son effet : ce fut la mère de Bénédit, cette bonne mère qui l'avait aimé avec tant de faiblesse, qui la première le pressa sur son cœur. Ils confondirent long-temps leurs larmes, et le père Chrétien, ému de ce tableau, entraîné par Jacques, vint y mêler les siennes?

Malgré ce rapprochement, il resta toujours dans le cœur de ces deux vieillards une impression qu'ils ne purent surmonter. Ils avaient pardonné, et aucunes de leurs paroles ne vint jamais rien reprocher au passé; mais ils marquèrent toujours une certaine froideur à Bénédict; et il lui était facile d'apercevoir qu'ils étaient sous le joug d'une cruelle arrière-pensée, que leurs manières franches et simples n'étaient pas en état de dissimuler.

Cette position, que rendaient encore plus pénible ses propres remords, l'abreuvait de chagrin et condamnait sa vie à un affreux supplice. Une circonstance vint encore aggraver cette triste et déplorable condition.

Comme je l'ai dit, Bénédit avait rapporté avec

lui une somme assez forte, et on sait comment elle lui était venue. Il crut qu'en offrant à son père une partie de cette fortune, il parviendrait à adoucir la rigueur de ces préventions : il se présenta à lui un matin avec un sac qui contenait la moitié de ce qu'il possédait.

Mais, à cette vue, le père Chrétien détourna la tête avec horreur et couvrit ses yeux de sa main.

« Garde, garde ces richesses, dit-il à son fils, tu peux en jouir à ton aise ; malheureusement j'en connais la source, et cet argent empoisonnerait ma vie si je devais y avoir recours pour soutenir ma faible existence. J'ai consenti à recevoir des adoucissements de Jacques, parce que c'est par le travail et la sueur de son front qu'il a amassé ce qu'il possède. Va ! je t'ai pardonné le passé, je ne veux rien te reprocher, je désire que tu puisses jouir en paix de cet or que tu as malheureusement payé par tes fautes, mais je n'en profiterai pas : c'est assez de t'avoir recueilli comme mon fils et de croire à ton repentir. »

Cette vive admonestation retomba de tout son poids sur le cœur de Bénédit, et il vit bien qu'il n'y avait plus de bonheur pour lui auprès de ses parents dont la demeure lui devenait insupportable ; car chaque jour aigrissait sa douleur. Il

acheta une petite maison non loin de là, où il se
retira sans trouver plus de calme, et le seul
adoucissement qu'il trouvait à ses maux, c'é-
tait de soulager les infortunes des pauvres du
village.

Limoges. — Imprimerie de Barbou frères.